EXTRAITS DU JOURNAL *LA HAUTE-LOIRE*

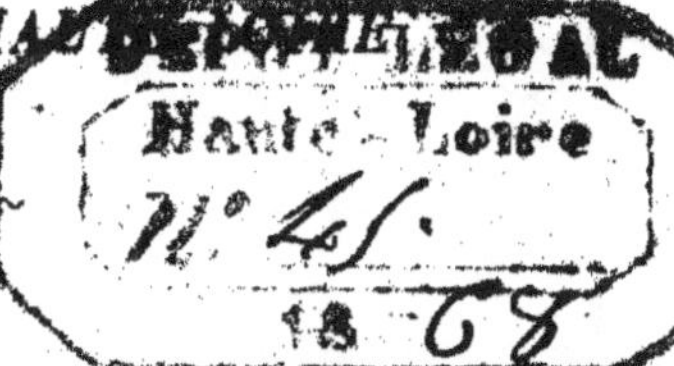

FAY-LE-FROID

NOTES DE VOYAGE

PAR AIMÉ GIRON

LE PUY
TYPOGRAPHIE M.-P. MARCHESSOU
Boulevard Saint-Laurent, 23

1868

FAY-LE-FROID

NOTES DE VOYAGE

(EXTRAITS DU JOURNAL *LA HAUTE-LOIRE*)

FAY-LE-FROID

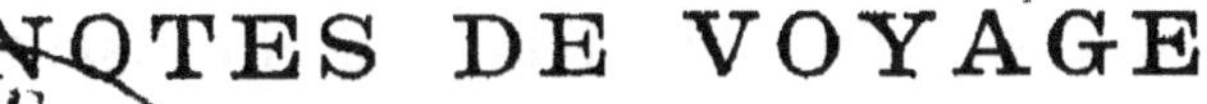

NOTES DE VOYAGE

PAR AIMÉ GIRON

A MESSIEURS A.-Z.

MES CHERS COMPAGNONS,

Vouloir retenir et fixer des impressions de voyage, n'est-ce pas tenter d'arrêter l'ombre de ces nuages éclairés du soleil qui glissent sur le sol? — Vaporeuses, rapides, elles effleurent légèrement les vallées, les montagnes, les bois, les grands chemins et ne laissent pas dans l'âme de souvenirs plus précis que la trace laissée dans le regard par l'ombre du nuage. — Qu'importe ? nous avons ri et fraternisé une fois de bon cœur ! — Je veux vous le redire, s'il vous plaît de l'entendre.

Ai-je besoin de rappeler que le Concours de Fay, fondé il y a cinq ou six ans, a pour mission de reformer, au point central de sa production, l'*autochthonéité* de la race du Mezenc ? — Les caractères physiques et les qualités *sui generis* du type avaient disparu dans les croisements de hasard et de fantaisie. — La retirer du mélange où elle s'était perdue; retrouver ses lignes et les faciliter par la sélection ; en un mot la recréer telle qu'elle doit être, s'assouplissant aux exigences de notre sol, s'accommodant des mobilités de nos températures et répondant aux services de nos besoins, tel est le but du Concours annuel de Fay. — C'est un Concours préparatoire aux Concours régionaux, où cette race a fini par être reconnue, admise et classée. — La Société d'agriculture ne se propose pas d'autre ambition. Quant à monter à Fay faire de la propagande électorale, je ne comprends que peu. — Si je m'avisais de crier dans les oreilles à un taureau que son maître doit voter pour M. un tel contre M. un tel, je doute qu'il ne m'envoyât point d'un coup de corne dans la boîte aux scrutins. — C'est parce que cette accusation n'est nullement sérieuse, que je vous en défends par une mauvaise plaisanterie.—A qui nous etterait cette imputation, nous pourrions peut-être renvoyer la balle et nous l'aurions belle ; d'ailleurs, je crois que nous perdrions notre peine, notre temps, notre éloquence à essayer de cabaler et pour et contre : la montagne a ses traditions qu'elle garde et ses noms auxquels elle tient. — Moi, qui ne dissimule pas mon drapeau dans mes poches, je dis : Tant pis ! mais suis bien obligé de tirer ma révérence au suffrage universel. — Notre conscience, au reste, comme dans la lice l'ancien héraut d'armes des duels judiciaires, nous crie à haute voix : *Faictes vostre devoir !* et nous le ferons, de par Dieu ! sans nous inquiéter davantage des hommes et des choses.

Cette année, le budget du Concours se composait : 1° de 2,000 fr. alloués par le ministère de l'agriculture, un brave ministère, persuadé qu'il vaut mieux engraisser des bêtes que tuer des hommes ; 2° de 560 fr. votés par les communes du canton de Fay ; 3° enfin, de 300 fr. affectés aux prix de bande par M. de Latour-Maubourg et prélevés sans doute sur ses appointements de capitaine des chasses. — Près de 3,000 fr. honnêtes, sérieux et utiles.

Le Concours avait été fixé au 2 septembre. — Outre la Commission officielle nommée dans le sein de la Société académique, quelques membres de la Société avaient bien voulu, à leurs frais, se joindre à nous, et profiter de la compagnie pour rendre visite à la capitale des montagnes, dont le nom, à prononcer, éveille des frissons d'hiver.

Mais si le temps de septembre 1867 s'était montré si rigoureux qu'il ne nous avait pas été possible de ne le point maltraiter, nous lui devons réparation en 1868, et nous sommes heureux de la lui donner. Fay se levait et se couchait, chaque soir, dans le plus riant soleil. Ainsi qu'une ruche échauffée, la ville du Mezenc rendait à la rue, à l'air, à la joie, tous ses essaims. — Cependant, si elle avait revêtu, cette année, les splendeurs d'un ciel du Midi, croyez-vous que, l'an dernier, à travers le réseau de pluie qui semblait la prendre dans son humide filet, cette grise mélancolie des ciels du Nord ne lui séait pas bien ? La petite cité a sa poésie dans les larmes comme elle l'a dans le sourire ; et, gaie ou triste, nous la saluons doucement de la main, car nous avons appris à l'aimer.

A mesure que nos voitures escaladaient les chemins qui, entre monts et vaux, se glissent jusqu'au pied du Mezenc, les vallées se creusaient sous nos regards dans leurs torrents de feuillage ; les montagnes dressaient à côté de nous leurs sauvages nudités, ouvrant parfois dans leurs flancs les carrières de pierre de Monate ou de Valmont, ou laissant mélancoliquement pendre à leurs sommets les haillons démantelés des vieux châteaux féodaux de Lardeyrol ou de Capdeuil. L'horizon ondulait, pareil à un flux de marée diluvienne, et le cirque s'agrandissait comme s'il eût dû recevoir, pour la suprême scène de l'humanité, les générations ressuscitées à Josaphat. Voici le village de Boussoulet, le nœud de la zône tempérée et de la zône glacée; la montagne de la Tortue hasardant hors d'une gigantesque carapace sa tête qui va boire là-bas je ne sais plus quel ruisseau; le Mégal, aux entassements de phonolithes ou pierres sonores qui servent à couvrir les toitures des hameaux, entassements d'où l'orage en passant tire toutes les notes de la gamme musicale, et éveille des harmonies au son desquelles sont nées d'étranges légendes et de fantastiques ballades.

Voilà plus loin la Champ-du-Pin, cette plaine nue, déserte, morne, où rien n'arrête le vent, où dans les gazons ras ondoient des pierres blanchâtres qui rappellent à l'œil étonné les moutonnements de l'océan. Une mer semble s'être pétrifiée à perte de vue, aux époques où Dieu prononçait sur le monde les mots de la création. Çà et là, des mottes détachées séchaient au soleil : le bois, la houille, la tourbe de cette région. L'hiver, elles se consument lentement dans les chaumières étroitement closes, revêtant les murailles d'une épaisse tenture noire, et imprégnant les gens d'une forte odeur de boucanage que les bises froides de la montagne n'emporteront jamais.—A quelques pas fume un coin de ces landes que, par le brûlage, on prépare pour une maigre culture. La récolte enlevée, la lande refile patiemment et pendant des siècles son manteau d'herbe verte sur ce sol épuisé d'un seul coup. Les mottes sont rangées en tas pareils à des taupinières; quelque femme hâve, à l'allure misérable, y enferme un charbon embrasé, et cette taupe vive ronge, ronge le monticule et ne laisse à sa place qu'une poignée de cendres.

Cette route de la Champ-du-Pin est bordée de poteaux destinés, pendant les tourmentes d'hiver, à marquer le chemin; alors le vent souffle avec furie, fait tourbillonner la neige et l'entasse; les poteaux s'enfoncent dans les *congères*, et ne semblent plus bientôt que les potences démembrées d'une des routes aboutissant au Plessis-lès-Tours du roi Louis XI. — Malheur au voyageur égaré, attardé! le chasse-neige l'assiége, l'aveugle, l'étrangle et le couche sous son linceul blanc. — Le chemin de la mort s'allonge là, entre Fay et Boussoulet; il est éternel; il est sinistre avec ces croix de pierre qui le longent. Ces croix vous surprennent et vous font frissonner; leur ombre suit le passant, dont l'âme est serrée par la peur; elles signalent à la prière les points de la plaine où quelqu'un mourut enseveli : charretier à côté de sa charrette, muletier sur son mulet, pâtre sous son passe-montagne. — Comme les sentiers des *sierras* d'Espagne stigmatisés de calvaires aux détours où le poignard et l'escopette du bandit embusqué a tué sa victime, ce chemin est signé des cadavres de ceux que la neige a étouffés.

Il y faisait, le 1er septembre, le temps le plus affable que l'on pût demander. — Les voyageurs à pied trompaient de causeries la longueur de la route, chacun mettant sa science au service d'autrui ; le géologue, son marteau à la main, interrogeait les pierres de la *crau* ; l'herboriste cueillait la jolie pensée sauvage, la petite euphrasie médicinale ou la livèche odoriférante ; le gastronome courait après les champignons, assurant à la troupe qu'il ne s'était jamais complètement empoisonné ; le poète fredonnait quelques vers romantiques échappés des bruyères ou des genêts ; l'archéologue furetait dans les rochers et finissait par découvrir (que ne découvre-t-il pas ?) une inscription ras le sol intaillée dans un bloc : T. I. M. XXIII. — Il a lu là-dessous le passage de César par la Champ-du-Pin ; lui seul n'en a pas ri. Et que les mânes de César clément lui pardonnent !

Au soleil couchant, Fay émergea enfin sur sa hauteur. — Fay est bâti au sommet d'un jet phonolithique sorti de terre, à la suite d'une poussée de volcan. Fay ainsi juché domine, du côté du Puy, ses abords dénudés et, de l'autre, les vallons plus boisés et riants du Vivarais. — Le Lignon entoure son rocher.

Fay avait jadis sa ceinture de murailles ; le temps l'a desserrée et le vent en a emporté les débris. Jadis il fut secoué des arquebusades catholiques et protestantes. Il était pour Calvin contre la messe ; aujourd'hui, songeant à vivre et ne s'inquiétant point de ses remparts, il a jeté ses armes par-dessus la croix et la bible. Sagement a-t-il pensé qu'il valait mieux élever des bestiaux, recevoir des primes de mains amies, fussent-elles huguenotes ou bonnes catholiques; et Fay a bien fait. Nous sommes hommes et frères avant tout.

Les arcs de triomphe ornaient les entrées; le mât de cocagne s'élevait dans les airs et jouait au grand mât, voiles carguées, d'un vaisseau de pierre à l'ancre à quelques encâblures du Mezenc. Le tourniquet pavoisé promettait des rires pour le lendemain; aux croisées flottaient les drapeaux. La ville avait pris ses ajustements de fête et de bon accueil; les amitiés, l'hospitalité attendaient sur le pas de la porte et recevaient leurs hôtes de la façon la plus cordiale, comme on sait encore le faire dans la montagne. L'hospitalité est la dernière vertu primitive, de loi naturelle, qui soit restée sur la terre. Seulement, peu à peu, elle remonte triste mais pure vers les lieux inaccessibles, jusqu'à ce que, après tant d'autres vertus, des sommets élevés elle ouvrira ses ailes pour s'envoler à jamais dans les cieux.

M. le Curé de Fay, par nous visité, promit la messe du Concours. — Sa modeste cure s'ouvre d'un côté sur le cimetière, l'église, et vis-à-vis un dicke surmonté d'une croix : là est sa vie publique, la vie des œuvres; — de l'autre côté, elle a vue sur ces belles vallées du Vivarais où les brumes et la verdure se mêlent si harmonieusement : là est sa vie privée, la vie de contemplations; — et dans ces deux aspects de l'existence, nous trouvions la philosophie vraie et sainte de la terre qui sait vivre alternativement avec les hommes et avec Dieu.

Pendant notre souper, les boîtes municipales du Puy, qui sont de toutes les solennités comme de toutes les politiques (nous leur donnons si bien l'exemple !), tonnaient sous nos fenêtres. — Entre deux bouchées de truites, nous l'avouons à nos risques et périls, nous songions aux décharges d'artillerie qui, en 1573, précédèrent et suivirent, à la même place, la messe si célèbre de l'évêque de Senecterre. Des rapprochements se dégagent la poésie et les leçons de l'histoire — et... mais étranglé soudain par une arête, j'en fus quitte pour ne point médire des imaginations d'un de nos historiens, et ne point louer la sévère prudence de l'autre.

Que le souper fût gai et cordial, il ne faut jamais avoir soufflé un potage et accolé un verre de vin autour de notre Président, M. Albert de Brive, pour en douter un seul instant. — M. de Brive sait, par son caractère que l'on estime, par son esprit d'union sous lequel on se range, faire disparaître les nuances d'un convive à l'autre. Chacun trinque avec son voisin pour pouvoir trinquer avec son Président.

L'esprit de tous agit du mieux qu'il put, sans oublier le précepte de Bacon sur les personnalités : « La conversation doit être comme une promenade « en pleine campagne, et non comme une route qui « conduit à telle ou telle ville, ou comme une avenue « qui conduit au château de M. un tel. »

La nuit était complète. — La lune lointaine se levait rouge dans les brumes de l'horizon à travers lesquelles se dressait le Mont-Blanc ; l'air frais du soir passait avec des senteurs et des murmures de montagnes. — La santé semblait entrer dans nos poitrines et le calme en nos âmes. — Il faut avoir respiré, quelques heures, cette atmosphère des cîmes pour en connaître les saines et douces influences. — La civilisation n'est plus là avec ses miasmes empestés, ses théories délétères ; elle grouille là-bas dans quelques basses-fosses. Où les hommes font leurs œuvres, la paix et la santé sont exilées ; mais, où Dieu pose son pied, la vie souffle et se laisse respirer.

Le sommeil et la fatigue rendaient au silence la place et les rues de Fay. — Alors la croix retenue au sol contre les ouragans par des lisières de fer, coucha ses inextricables profils sur ce pavé de roches blanches où ruissellent les lueurs de la lune ; les maisons aux toits de *lauses*, à faitages aigus, à arêtes saillantes, à pignons pointus, à combles inclinés de forme flamande, à fenêtres étroites contre le froid, dessinaient crûment sur un ciel bleu et aéré d'étranges silhouettes ; leurs ombres tombaient lourdement à leurs pieds ; vous auriez juré d'une ville moyen-âge ressuscitée sur son rocher. Quelques lumières résistèrent une heure encore, puis s'éteignirent. Les chiens se mettant à hurler à la nue, au vent, à la nuit, se répondant tumultueusement, évoquèrent une de ces scènes fantastiques de carrefour maudit ou de Brocken hanté que Hoffmann eût peinte ou écrite.

Avec le lever du soleil, ce fut, au bruit des salves, le réveil de la montagne. — Les allées et venues commencèrent. — Les charrettes arrivaient bruyamment ; — les grelots des mulets et les fers des chevaux tintaient et résonnaient à toutes les issues ; — les tentes se dressaient contre les ardeurs du soleil. — On sentait que l'intérêt et le plaisir étaient de la partie. — Mais, comme il faut que le train de la vie ait son cours ; que ni réjouissances, ni désespoirs ne suspendent les droits de la nature, deux fiancés protestants heurtaient timidement, au bout de la place, à la porte tranquille du pasteur ; ils étaient recueillis. — Là, devant le ministre, ils allaient doucement se jurer fidélité, dévouement, et sortir mariés. C'était une de ces gravures bourgeoises allemandes comme en crayonne Richter à travers champs ou sous l'auvent d'une auberge rustique. — Au même moment, le clocher catholique tintait la mort d'un enfant, avec piété aussi. Entre ces deux actes si différents de la vie accomplis en rites si divers, Dieu seul pouvait dire lequel il bénissait. Moi qui suis homme et chrétien, je rêve qu'il les accueillait peut-être tous deux du même œil et du même cœur.

Le marquis de Latour-Maubourg arrivé, la messe s'annonca à grande volée. — Le drapeau tricolore de la commune était déployé à l'avant-garde ; la musique militaire de Fay (un tambour) essayait de jouer quelque chose. Le cortége, grossi de toutes les autorités locales, d'une foule non constituée et de cent gamins en disponibilité, se dirigeait vers l'église en faisant d'immenses efforts de sérieux.

L'église porte, engagée dans la serrurerie de son imposte, une grosse fleur de lys en fer forgé qui ne manque pas d'un certain caractère. Je ne sais si elle a des prétentions politiques ; je m'en moque ! mais elle va bien où elle est ; et, si je voulais, ne vous en déplaise, je pourrais n'y voir qu'une représentation du lis immaculé.

L'église est confortable ; à mesure qu'on approche du chœur, le confortable se change en luxe. On sent qu'une libéralité amie veille de haut et pourvoit à tout.

Au fond du chœur, un tableau donné par l'Empereur représente une *Adoration ;* je crois bien que la fabrique a risqué un pudique voile de sa façon sur le sein de la mère et coupé les vivres à l'enfant. Je voudrais savoir si, parce que saint Martin donna à un pauvre la moitié de son manteau, le conseil de fabrique de Fay se croit obligé de donner un voile tout entier à la sainte Vierge. Quoi qu'il en soit, le petit Jésus a des raccourcis tellement dangereux qu'un de ses bras est un moignon et une de ses jambes un tronçon ; — l'artiste en a fait un enfant purement et simplement estropié.

De plus.... mais à quoi bon faire la critique d'un tableau octroyé par l'Empereur ?

A cheval donné.... etc., cela est juste ; car si l'on donne sa monture, ce ne doit jamais être la meilleure. Cette peinture ne vaut assurément ni un fin corps-de-garde de Meissonnier, ni un des pieux cénacles de la dernière manière de Delaroche, mais l'intention est bonne, le tableau est cloué et il y restera sans doute toute l'éternité des hommes.

A l'issue de la messe, s'ouvrait le Concours. — Il allait se tenir sur le Foiral en pente dont le sommet confine au temple protestant de Fay, un temple de très-récente création. — Des piquets réunis par des cordes tendues circonscrivaient le champ d'exposition. — Les animaux entraient par bandes sous l'arc de triomphe et se rangeaient suivant les classements du programme. — Les attaches, les mouchettes, les bâtons jouaient leur rôle. Ce n'était que piétinements, mugissements, beuglements, troubles et luttes. — Il y a de la vie dans ces exhibitions, de la bonne vie montagnarde ; quelque chose de rustique, d'utile, de fort. — Et, dans nos existences à crêmes fouettées et à sentiments précieux, cela fait du bien que de retrouver la franche et rude nature autour de soi, dût-on en être bousculé.

Deux cents inscriptions composaient le dossier de la Commission. Malgré l'ensemble imposant du Concours, on sentait qu'il n'était peut-être point aussi brillant que celui de 1867. — Deux raisons à cela : 1° Les belles bêtes choisies et élevées en vue du Concours régional du Puy, avaient été vendues immédiatement après ; elles n'avaient plus rien à gagner ni en beauté, ni en récompenses, — et il était temps de liquider par un large profit les peines et les soins de l'élevage. — 2° L'ouragan terrible qui, au mois d'août, a ravagé la contrée, ayant haché menu, détérioré ou dispersé les fourrages, les bêtes mal nourries ont atteint péniblement l'époque d'examen, et dans un état de dépérissement prévu, mais impossible à empêcher.

Cependant, malgré cette absence des qualités acquises, propres aux charmes du regard et aux avantages de la boucherie, la Commission a pu constater la persistance et la généralisation des progrès qu'elle s'efforce d'atteindre. — Les défectuosités flagrantes ne se présentent plus ; les médiocrités même deviennent rares ; le terme moyen est acquis et se maintient au-dessus du bon. — En peu d'années, les résultats poursuivis se sont accusés nettement et répandus. — La Société d'agriculture du Puy a vu juste dans sa reconstitution de la race du Mezenc, et le Gouvernement s'est montré éclairé dans les allocations annuelles qu'il consacre à cette œuvre d'utilité pratique et générale.

Voici le détail du Concours :

Taureaux de 2 ans et au-dessus, 15 bêtes. — Si le

manque de nourriture se constatait de prime abord, l'imperfection des engraissements permettait d'apprécier mieux les caractères de conformation et la pureté des lignes. — Ces quinze élèves, sans être d'un modèle irréprochable, étaient plus que satisfaisant les intentions et le but que se propose la Société d'agriculture.

28 taureaux au-dessous de 2 ans. Bonne moyenne.

50 vaches. Peu de sujets exceptionnels; moyenne médiocre.

29 génisses de 2 ans. Cette classe renfermait des animaux d'excellente venue et qui promettent pour l'an prochain un renfort remarquable à la section des vaches.

22 génisses au-dessous de 2 ans : généralement maigres ; et ici il faut dénoncer une mauvaise habitude des propriétaires. — Ces bêtes, n'étant pas encore en âge de travailler et de rendre en profits les soins et la pâture, l'éleveur répugne à les nourrir convenablement. Pour lui, la nourriture n'est que la récompense du rendement. Il applique d'instinct le précepte fouriériste : *A chacun selon ses œuvres!* mais cette pratique inintelligente devient nécessairement très-nuisible à l'époque où le développement de l'animal s'effectuant, il est besoin que tout concoure à le faciliter. C'est pourquoi ces bêtes sont menacées de rachitisme, arrêtées dans leur croissance et le déploiement de leurs forces.

Les bœufs de travail, destinés à être primés par paire, ont été ensuite présentés. Fort beaux, ils n'offraient entre eux que des différences presque insensibles. La Commission a dû étudier longuement, à plusieurs reprises, pour fixer et asseoir son jugement. Ces bœufs sont l'expression la plus haute de ce que doit devenir cette race. Bien accusés de lignes, bas sur jambes, amples de formes dont la masse affecte la figure cubique, à large encolure, à fanons courts, à poil fin, à mufle rose; lourds et lents, mais forts et robustes ; les travaux outrés et les températures meurtrières de la montagne ne les excèdent pas.

Pour les prix de M. de Latour-Maubourg, huit bandes se sont développées au milieu du champ de concours :

1re bande, de 7 bêtes, à Jean-Claude Jouve, des Vastres;

2e bande, de 13 bêtes, à Louis Eyraud, de Chambusclade, commune des Estables;

3e bande, de 15 bêtes, à Régis Roméas, de Chaudeyrolles;

4e bande, de 5 bêtes, à Daudet, de Malosse ;

5e bande, de 7 bêtes, à Guillot, de Mathias;

6e bande, de 12 bêtes, à Pierre Chanal de Chaudeyrolles;

7e bande, de 16 bêtes, à Régis Descours, de Montgiraud-St-Voy ;

8e bande, de 15 bêtes, à Régis Chanal, de Rouchon.

C'est ici que le touriste, comme l'agronome, peut se réjouir les yeux ; et cette synthèse du Concours en donne immédiatement le total le plus riche, le plus complet et le plus vrai.

Les prix de bandes ont été décernés ainsi qu'il suit :

1er prix. — Descours (Régis), médaille de vermeil et 100 fr.

2e prix. — Eyraud (Louis), médaille d'argent et 60 fr.

3e prix. — Romeas (Régis), médaille de bronze et 50 fr.

4e prix. — Jouve (Jean-Claude), 40 fr.

5e prix. — Chanal (Pierre), 40 fr.

Il est à remarquer que les animaux primés, l'an dernier, au Concours de Fay, par la Commission de la Société d'agriculture du Puy, l'ont tous été sans exception au Concours régional de 1868, — critérium sans appel de la sincérité et de la justesse de ses jugements. — Ce ne sera pas, certes, un de ses moindres titres que celui d'avoir reconstitué une race qui doit apporter gloire et profit à notre Velay. Les tendances agricoles sont à l'ordre du jour et s'accentuent. Le siècle marche dans cette voie où s'élabore la plus féconde des branches de richesse d'une nation ; le temps n'est plus loin où l'industrie et l'agriculture, affermies et encouragées par un régime de paix générale ouvriront enfin l'ère sérieuse et morale des progrès matériels.

Le Concours eût peut-être été plus brillant de bêtes et de gens si le mauvais temps des dernières semaines n'avait retardé les travaux ; les campagnes ont profité des beaux jours si inespérés et si tardifs pour mettre au courant leurs labours et leurs ensemencements.

La proclamation et la distribution des récompenses ont immédiatement suivi sur place le classement de la Commission. — N'oublions pas de mentionner les prix dont la ville de Fay avait fait les frais, en saignant à blanc ses modiques ressources. Elle comprend la portée de nos intentions et marche avec nous.

Une courte allocution de M. de Brive sur les résultats du Concours de 1868, contenant des encouragements pour l'an prochain, renfermant aussi quelques conseils pratiques, a ouvert cette distribution, terminée, à la satisfaction générale, par la remise aux lauréats des cartes de banquet.

Alors joie, cris et tumulte sur toute la ligne. — C'est le tour du mât de cocagne, ce divertissement introduit pour la première fois à Paris, en 1425, sous la domination anglaise, de triste mémoire ! Rien de plus philosophique qu'un mât de cocagne ? Cette foule, le nez en l'air, convoitant sans espoir un lapin quelconque (jadis, c'était une oie et six blancs) ; ces rares intrépides s'essoufflant à gravir l'arbre généreusement savonné, redescendant quinaults au milieu des renards qui jalousent les raisins, et cela au fou rire universel. — Les plus nobles efforts, des grandes aux petites choses, s'ils se liquident par une chute, ne recueillent que des huées. Le populaire est avec le succès ; il ne passe pas aux vaincus comme Caton, mais aux vainqueurs, comme la Fortune. Le mât de cocagne garda sa couronne de feuilles vertes, sa houppe de ramée, et ses trésors allèchants. — Nul ne put atteindre aux convoitises ; il fallut qu'un inconnu se dissimulant à une heure du matin, et plus leste qu'un mousse de frégate, râflât d'un coup de main les largesses municipales.

La foule se rabattit alors du côté du tourniquet. — Le tourniquet est, lui aussi, un jeu essentiellement symbolique. Il représente le dada mobile de la politique. — Etre vigoureux ne suffit pas ; il faut être adroit ; — l'enfourcher est quelque chose, s'y maintenir est tout. — Les premiers sont les audacieux et le sort les favorise quelquefois ; les seconds sont les habiles et l'énergie patiente les assure toujours. — Un rien démonte le peureux, le pressé, le faible. Pour traverser le rouleau tournant, il faut avoir dans les muscles et dans l'esprit, les éléments d'un clown ou d'un acrobate, M. ceci ou M. cela. Je ne craindrais pas, si j'étais roi absolu de quelque capitale Brobdingnag ou île Barataria, de nommer ministre d'emblée le gars assez adroit pour avoir franchi sans encombre et accident le symbolique tourniquet. — Ici, il ne s'agissait d'atteindre ni un portefeuille, ni un émargement, mais d'attraper une pièce de 5 francs ou un foulard du plus tendre jaune. Pour un qui fut heureux, combien roulèrent dans la paille, aux immenses trépignements d'une nombreuse populace ! Laissons ces bonnes gens avaler les frimas du soir, comme dit Rabelais, mon maître ; et suivons au pas, s'il se peut, le tambour vers le banquet. — La maison d'asile prête au festin ses deux salles blanchies à la chaux et disposées en T majuscule. Les deux Vatels de Fay-le-Froid s'y partagent la besogne, le service et le couvert, chacun, toutefois, sous la responsabilité personnelle de sa table et de sa cuisine. Les lauréats du Concours, MM. les Maires de la circonscription et les Curés des environs, les autorités de Fay et du vol du chapon, les notables du lieu, les membres de la Commission envahissent les tréteaux. Girandoles cléricales, candélabres pieux se prêtant à la circonstance, avaient déserté les chapelles et oratoires pour éclairer l'agape d'où l'on ne sort pas pour mourir, je vous assure. — Le repas s'assaisonna de grosse gaieté et d'entrain ; le cœur était sur la table avec la vérité ; la cordiale entente faisait sonner les verres et se vider les pots. — Il y avait peut-être bien une table très-officielle où le bon ton régnait en souverain avec sa dame et maîtresse l'ennui ; tant pis pour qui s'y assied ! Nous ne sommes heureusement officiel ni morose. A peine si les chauds abandons des toasts du dessert arrivaient jusqu'à nous qui nagions dans les friandises du cuisinier Dupré. — Dupré fit son apprentissage à Genève, avant de pratiquer à Fay-le-Froid. — La République de Genève est une fameuse république !

Plus d'un, comme Judas, mit la main au plat, et Judas n'était point si sot qu'il en avait l'air.

Les toasts furent jetés et relevés. On but à tout ce à quoi l'on boit en pareille circonstance, et c'est une mine à prétextes, excellents du reste. Je ne suis pas plus rétif aux toasts que le lauréat mon voisin, ou le Maire mon vis-à-vis. Je boirais à mes amis, c'est juste ; je boirais à mes ennemis, c'est plus juste encore, s'ils sont nombreux. Il est si doux et facile de noyer ses inimitiés ! On fit rubis sur l'ongle au premier agriculteur de France. Je vous le donne en cent à deviner son nom et ne vous le trahirai aucunement, afin que vous ne m'accusiez pas de plaisanter outre mesure. On rendit raison aux éloges portés par le Maire du Puy au Clergé, aux maires, aux lauréats, à Fay. Le Président de la Société répondit en président.

Soudain, la retraite aux flambeaux attendant à la porte, la salle fut bientôt désertée. Les tables restaient à sac. Les bouteilles s'étaient bien défendues, mais rendues, et demeuraient glorieusement couchées sur la nappe ; les pâtés gisaient démantelés, les volailles déchiquetées ; le sang ayant inondé le champ de bataille, les drapeaux du dieu Comus, du blanc le plus pur au début de l'action, traînaient maculés au milieu des cadavres.

La retraite marchait au feu d'artifice, conduite par le tambour de Fay ; chacun avait, à table, raccolé un ami, qui du bras soutenait et l'ami et soi-même. Les torches à flammes échevelées se répandaient en épaisse fumée et en clartés sombres. Suivait qui pouvait et comme on pouvait, soit dans la lumière, soit dans les ténèbres; et si l'on choppait aux cailloux, personne pour l'aller dire à Rome ou à Berlin. Le feu d'artifice, étagé sur le mont Gardi, cratère éteint d'un volcan aujourd'hui gazonné, accomplit ses mesquines évolutions où jadis le feu central avait joué sa grande pyrotechnie. Ce léger rapprochement ne manquait pas de piquant.

Les paysans ébahis en face de ce remue-ménage bleu et rouge, en faisaient honneur au feu renfermé. Ils reculaient épouvantés devant ces étincelles inoffensives, eux qui subissent si courageusement une pluie de balles, pourvu qu'ils chaussent le pantalon rouge sous un drapeau tricolore. — Quand le feu d'artifice eut éteint ses bouquets de flamme, comme par enchantement la modeste ville des frimas se trouva illuminée *à giorno*. Pas une fenêtre qui ne portât en plantes grimpantes ses lanternes de mille couleurs. Je ne sais ce qu'en pensa l'austère Mezenc, ou le vent nocturne des cimes ; je ne sais ce qu'en dit le ciel étoilé surpris de cette concurrence; mais ce que je puis vous assurer, c'est qu'en prenant pour point de vue l'extrémité abrupte du rocher de Fay : d'un côté la ville embrasée, de l'autre la vallée ténébreuse, présentaient le spectacle d'une merveilleuse féerie, sortie du sein des obscurités d'un coup de baguette magique de la fée des montagnes.

Toute la nuit, mouvement sur la place Mage, le long des rues étroites ; danses et chants dans les cabarets, sous le chaperon des quinquets. Qui dormit ? je l'ignore ; en tout cas ce ne fut pas moi. Il y avait trop de physionomie à ce qui se passait, pour que je ne voulusse pas en saisir les aspects divers. Une vraie kermesse flamande dehors et dedans. — Aucun désordre ; pas une rixe ; nulle provocation, ni la plus légère difficulté au quart d'heure si difficile de Rabelais.

Nous avons appris, de source certaine, que depuis six ans pas un montagnard de cette région n'est descendu dans nos salles d'assises ou sur nos bancs de police correctionnelle. La coutelière traditionnelle et sauvage ne sert maintenant qu'à dépécer les solides quartiers de victuaille ; on ne la pique plus sur la table avant boire, entre les verres ; et personne ne semble regretter cet ancien usage des aïeux. D'ailleurs, il est officiellement constaté que nos Concours de Fay ont fait le bien agricole et le bien moral ; qu'en rapprochant les clans épars et les unissant dans la même émulation et dans les mêmes fêtes, les voisins se sont révélés aux voisins, ont lié des rapports d'affaires et d'amitié. — Apprendre à se connaître, c'est apprendre à s'aimer. Tous les intérêts aussi, depuis les intérêts matériels jusqu'aux intérêts moraux sont trop intimement enchevêtrés pour que l'œuvre de civilisation et de cordiale fraternité ne s'accomplisse pas pleine et entière.

L'œuvre est donc bonne et utile à tous les points de vue; et si le Gouvernement entendait au mieux ses intérêts à lui, il répandrait et faciliterait ces solennités agricoles, qui valent bien les appareils imposants, mais puérils et cruels des armes. « Point de culture sans l'ordre, a dit quelque part Michelet : la justice est née du sillon. » Tant vaut l'homme, tant vaut la terre, répète-t-on. Retournons l'adage et crions plus haut: Tant vaut la terre, tant vaut l'homme! c'est le cercle nécessaire et inflexible du travail. L'homme améliore la terre, mais la terre améliore l'homme à son tour, en lui donnant le confortable, et par lui, l'amour de toutes les dignités de l'esprit et du corps, l'amour de l'équité, l'amour du sol qui nourrit, du Souverain qui protége. Attacher le propriétaire à sa parcelle d'héritage par les labeurs qu'il y enfouit et par la richesse qu'elle lui rend, c'est l'inféoder au bien, c'est l'associer au maintien des libertés publiques, c'est l'enchaîner à la patrie. Là est le vrai ressort de l'utilité pour chacun, de la paix pour tous, du progrès pour le monde.

Ces réflexions-là, nous eûmes le temps de les accompagner de beaucoup d'autres jusqu'à deux heures du matin. A deux heures, bon nombre des nôtres se détachaient en caravane pour atteindre le Mezenc avant l'apparition du soleil. On accuse la vertu d'aimer ces spectacles du petit lever du jour : on la calomnie assurément ; la vertu a la conscience trop pure pour ne pas dormir tout son saoûl.

Figurez-vous donc dans les lueurs de la lune, de petits chevaux montagnards, sanglés, bâtés, et harnachés de la plus archaïque façon. Par-dessus, des paquets de manteaux, de paletots, de foulards, de péplums, de châles surmontés de chapeaux rabattus sur des yeux et des oreilles : voilà ! Gustave Doré n'a jamais charbonné une plus noire troupe de contrebandiers ; Salvator Rosa, brossé un plus sinistre parti de guerillas ; Callot, le grand seigneur, buriné une plus étrange bande de bohémiens penanciers. Bientôt, piétons et cavaliers s'ébranlèrent silencieusement, et la cohue monta à l'horizon largement éclairé, se détacha un instant à la crête du talus sur le bleu cru du ciel, puis s'éclipsa dans le ravin.

Par les nuits de septembre le vent est froid et la bruyère humide. Pas de chemins tracés aux approches du Mezenc ; il faut vaguer au hasard. Comme les piétinements sont étouffés par les gazons et les bruyères, si n'était quelque bâillement musical, quelque interpellation saugrenue, quelque hennissement de chevaux, la cavalcade aurait eu par trop l'air d'une promenade de fantômes.

Le Mezenc péniblement gravi, les souffles glacés de l'aube vous pénètrent ; les premières clartés du jour luttent à l'horizon avec les ténèbres. La chaîne des Alpes se déploie et entre elle et le Mont-Blanc s'étend une large bande rouge comme un écueil de corail dans cette profonde mer grise. Peu à peu, les rayons incertains encore d'un nimbe immense auréolent le sommet des monts. Ce nimbe semble précéder une divinité qui monte lentement sur le monde des entrailles de la terre. Le monde la sent, la reconnaît et s'éveille jusqu'à ce que le soleil se montre enfin au fond du ciel dans ses rouges éblouissements. On dirait qu'une main invisible lève à ce moment sur l'univers la grande hostie de la Rédemption. — La nature secoue de ses cheveux les perles de rosée, et de ses épaules le manteau des brouillards. Elle sort des ombres, jeune et belle comme l'éternelle fiancée du soleil ; elle frissonne à ces premiers et chauds baisers sur son sein vierge encore, quoique depuis des siècles il enfante des générations et des saisons.

La troupe avait accosté sur le plateau trois touristes étrangers, de Bruxelles et autres lieux, accourus à ce petit lever. Les saluts d'usage échangés, la solitude et la communauté de sentiments ont bientôt rapproché les hommes. Ils se perdirent dans notre caravane en qualité d'hôtes bien venus, de collègues géologues et de convives enfin autour d'un gigot froid dévoré en cannibales. — Les gardes forestiers venus au-devant de nous assuraient que, des dix jours heureux qui, par an, se rencontrent favorables à l'ascension, celui-ci était un des plus beaux. — Les dieux sont toujours avec et pour les savants ! — Vivent les dieux ! et qu'ils nous accompagnent.

Pendant que France et Bruxelles échangeaient des admirations, des observations et des tranches de mouton, je rêvais du Mezenc au plus moelleux de mon lit. Car je ne vous conte que des impressions de seconde vue, puisqu'il faut l'avouer. La seconde vue est une qualité dont on me fait honneur. Je me surpris donc à murmurer sur les brises de la montagne les trois strophes suivantes. — Je vous les livre pour de la poésie de Fay :

Est-ce toi, vent du soir, qui plains dans mes bruyères,
A l'heure où le clocher des hameaux, comme un nid,
Me gazouille au lointain de sonores prières?
A l'heure où Dieu pardonne, à l'heure où Dieu bénit,
En glissant sous les bois et dans les cimetières,
Berce l'homme qui meurt et le jour qui finit.

Est-ce toi, vent des nuits, éveillant de ton aile
Le follet du marais, le lutin du hameau,
Ou la fée endormie au fond d'une tournelle ;
Qui portes jusqu'aux mas les sons du chalumeau,

Pour renvoyer aux monts le chant des vilannelles?
Dors! murmure le lac. — Souffle! dit le rameau.

O brise du matin, est-ce toi qui caresse
Les gazons que la nuit a couverts de ses pleurs?
Mes touristes sont las; réveille leur paresse!
Mes fleurs ont besoin d'air; ranime donc mes fleurs!
Si revenait du ciel Diane Chasseresse,
Pourrait-elle, dis-moi, vouloir descendre ailleurs?

Etc., etc., etc. — J'en passe et de moins mauvais.

Le Mezenc a la forme d'une selle à arçon et à troussequin. — A l'arçon, croulent les murs d'une hutte d'abri que les géographes de la nouvelle carte de France avaient élevée, mais que les vents ont renversée; Au troussequin, se dresse le tronçon d'une croix de pierre foudroyée par l'orage. — Dieu ni les hommes n'ont pu, si près du ciel, sauvegarder leur souvenir. — La vue, de ce point du plateau central de la France, s'étend à travers l'espace jusqu'à la Méditerranée et à la chaîne des Alpes. A vos pieds, le département de l'Ardèche se fait humble avec ses fourmillements de mamelons qui rappellent les mornes de la Martinique et les pitons des Antilles. Les altitudes de la Haute-Loire s'abaissent, s'effacent, s'enfuient dans des lignes sans fin que le compas ne pourrait ni fixer, ni préciser. — C'est un océan immense où les villages nagent comme des îles habitées, où les vagues sont des montagnes, les teintes verdâtres d'immenses forêts. A la base du Mezenc, pointent deux rochers déchaussés appelés *les Dents du Mezenc* et entre lesquels règne une tradition que je veux vous conter. Mes chers compagnons, si j'allonge le voyage, ne vous en prenez qu'à votre amabilité de mon désir de rester plus longtemps avec vous.

Or donc, la nuit de Noël, quand les cloches s'éveillent dans les clochers, quand les morts sortent de leur cercueil pour errer autour de la crèche, quand les *pierres de minuit,* les menhirs, s'inclinent et les *pierres des fées,* les dolmens, se mettent à tourner, et que fleurit la fougère, et que pleure la mandragore, à la douzième heure, regardez !

— Voici qu'entre les deux dents du Mezenc sort de terre et s'étend une large table d'or. Les chauves-souris y mirent leurs ailes et la lune y contemple ses pâleurs. — Au-dessus, les nuages s'entassent pendant qu'à l'entour vagabondent les vents. — Alors sur la dalle d'or apparait un énorme crapaud, sinistre maître du trésor. — Prenez garde ! ce crapaud, c'est Satan que tourmentent les cantiques et les cloches de Noël. — Il est là silencieux, immobile, ses gros yeux fixés dans les ténèbres. — Qu'attend-il ? ce qu'il attend, bonnes vieilles des fermes isolées, bergers de la champ déserte, enfants du soulier de Jésus ? il attend que quelque cupide montagnard convoite la table merveilleuse. — S'en emparer est chose facile; et la recette, la voici. Il suffit de voler dans le village un petit nouveau-né, de l'emporter entre ses bras, sans remords; sans peur de s'approcher du crapaud et de lui jeter la frêle créature dans la gueule. — La tranche d'or est à vous, la tranche d'or qui, monnoyée, vous fera l'élu de la terre, mais le damné de l'enfer. — Signez-vous! priez! — Personne n'a encore tenté de conquérir cette merveille. — Et depuis l'aube du monde, l'immonde bête reparaît, une fois par an, à minuit, sur son large trône étincelant, pendant que les anges et les étoiles annoncent aux hommes le petit enfant de Noël.

D'où sont nées ces traditions? Qui, le premier, les conta dans les longues veillées d'hiver? On l'ignore. La poësie populaire chante en tous coins du sol, modeste, inconnue comme le grillon. Elle est fille de la crédulité des peuples au berceau. Les pays de montagnes plus que les autres ont peuplé de légendes leurs grottes et leurs lacs, leurs forêts et leurs cimes. — L'imagination montagnarde se montre inventive et colorée; elle symbolise la nature et personnifie les idées. Elle se formule ainsi une religion, la religion poétique de la peur et s'effrayant de ses propres créations se condamne à vivre dans la piété superstitieuse, la terreur et le souvenir. — Certes, la raison est un sublime flambeau : je l'admire et le respecte, mais il chasse du monde les ombres rêveuses et les clairs obscurs. J'aime les feux follets de l'imagination; et je ne sais si en les soufflant, on n'enlèverait pas à la nature cette physionomie mystérieuse, qui la fit représenter jadis la face couverte d'un voile épais.

Il est grand jour sur le Mezenc. — Venez ! prenons par cette pente et dirigeons notre descente vers la nouvelle habitation des gardes forestiers, un vrai châtelet dans ces bruyères désertes. — Confiez-vous à l'instinct de votre monture ; la première qualité de ces petits haquets de montagne est la sûreté d'allure. Ils ont le pied intelligent et fort ; ils sont un peu cousins de ces chevaux espagnols *chargés de ganache* qui dévalent les sentiers si dangereux de la Sierra-Nevada ou de la Sierra-Morena. La seule différence entre eux consiste en ce que ceux-ci portent fièrement la tête, tandis que ceux-là regardent modestement le sol. Ce qui tient peut-être encore au génie respectif des deux nations.

La maison des gardes forestiers, nouvellement construite en élégante pierre bleue, s'élève au milieu d'une lande gazonnée, légèrement déclive et nommée Les Brulades. Cette maison renferme les logements de deux gardes, logements séparés par un salon à manger avec alcôve pour recevoir les inspecteurs et gardes généraux en tournée. Les reboisements ayant été reconstitués sur des bases sérieuses, il fallait discipliner la surveillance, enrégimenter le service. — Ce bâtiment est le centre des opérations. — Le reboisement empiète, chaque année, sur les communaux et les vaines-pâtures de la région ; il escalade les flancs dénudés du Mezenc. — Les populations se montrent rebelles dès le principe à cette diminution de leurs droits de parcours ; et aisément, ainsi qu'au Puy-de-Dôme, planteraient-elles les pourettes, racines en l'air. Elles sont bien forcées cependant d'accepter l'état de choses. — Pour atteindre un bien réel quoique médiat, il est souvent besoin de traverser un mal immédiat et nécessaire. Les générations à venir, ne se souvenant plus des difficultés de leurs pères, béniront les sollicitudes du Gouvernement.

Le reboisement, dans nos montagnes, a pris une urgente importance depuis que de terribles inondations presque périodiques ravagent nos contrées. Aussi la Haute-Loire est-elle un des départements où les travaux de ce genre se sont exécutés sur une large échelle. Indépendamment des reboisements facultatifs, les périmètres décrétés d'utilité publique y embrassaient, en 1866, une superficie de plus de 5,000 hectares dont 1,650 hectares sont déjà replantés. —Le principal et premier résultat des reboisements est de parer, dans un temps plus ou moins prochain, aux inondations. Leur bienfaisante action est appréciable déjà ; car en 1866 les localités soumises au régime forestier ont été les moins ravinées par les pluies. Il est reconnu, en effet, que les deux tiers seulement des eaux pluviales tombent sous bois. L'autre tiers retenu par les feuilles, s'évapore aux ondulations de l'air et aux rayons du soleil : de plus, les forêts ralentissent, divisent le cours des eaux, et retiennent ces masses énormes de sables et de galets qui, entraînées par les crues, stérilisent nos champs.

Quand, l'an dernier, on creusa les fondations de ce poste des gardes, les manouvriers amenèrent au jour les fragments d'un vase d'assez grande dimension. Ces fragments, composés d'une pâte grossière, gris-rougeâtre, à paillettes de mica, étaient ornementés de grains aplatis figurant des grappes de raisin. — Je laisse à de plus autorisés que moi à décrire scientifiquement ces échantillons curieux; et à de plus autorisés encore à formuler un jugement. — Une poterie ainsi exhumée peut fournir matière à quelque églogue antique et M. Ch. Calemard de la Fayette à prouvé qu'une amphore du passé, après avoir contenu peut-être du vin *de plusieurs feuilles*, renferme encore des pages de belle et vraie poësie.

De la maison forestière au village des Estables, la distance est petite. — Ce village a une réputation détestable (Dieu me sauve du calembour !) d'intempéries, d'ignorance et de dénuement. Les choses les plus élémentaires de la civilisation y sont inconnues. — Les maisons basses, coiffées de lauses ou de chaumes, senblent s'accroupir de froid contre la terre; la neige les ensevelit pendant les mois d'hiver. L'on aperçoit seulement alors des aigrettes de fumée à travers la tourmente; l'on entend seulement quelques bruits sourds sous les *congères*. C'est un village lapon transplanté dans le Velay.

Ce qui y attirait nos voyageurs était son cimetière, non qu'il n'offrît autre chose que quelques dalles couchées et quelques croix debout dans les gazons; mais, engagées en son mur d'enceinte, plusieurs pierres, sans parenté aucune avec leurs voisines, exhibent aux regards des géologues maintes coquilles marines..— Une roche ignorée révèle parfois la date précise d'une genèse du globe ; elle est un feuillet arraché au livre mystérieux des révolutions primordiales du monde ; le savant y déchiffre le doigt de Dieu ; il y lit couramment des conflagrations ou des déluges. Hélas ! dis-je, en soupirant : les savants sont bien heureux !

Ces pierres, je les ai vues ; je les ai cassées ; j'en ai emporté des éclats. — Qui n'en emporte pas ? — Humbles souvenirs, sur nos étagères et sur nos cheminées, en nos soirées d'hiver, vous nous ferez resuivre, par la pensée, les chemins du voyage ! Ils nous rappellent lieux et gens ; et l'on ne saurait croire l'intérêt pour nos connaissances et l'avantage pour notre mémoire, qu'il y a à noter les années de sa vie de ces fragiles monuments. Ces débris donc renferment des coquilles fossiles, gryphites au crochet perpendiculaire, bélemnites ou merveilleuse *urine de lynx*. — Je suis fort ignorant de ces choses et d'autres, et cela vous sauve de dissertations extra-géologiques. Je sais tout au plus, d'après ces échantillons, que l'étage oolithique du terrain jurassique déplacé de sa position horizontale par le soulèvement des montagnes, aux époques volcaniques, aurait revêtu comme d'un manteau les deux pentes du Mezenc. — Il s'agit, pour appuyer la thèse, de retrouver le gisement dont ces blocs ne sont que détachés. Cherche qui voudra et trouve qui pourra! Notre troupe mit bien sept ou huit défonceurs en besogne, sur de vagues informations; mais la couche oolithique, qui n'a aucun intérêt à se laisser découvrir, est restée enfouie dans son profond mystère. Moi qui suis un peu fureteur au profit de toutes les idées et de toutes les sciences, j'ai été consulter un maréchal-des-logis de la gendarmerie de Fay, brave homme qui recueille et collectionne les minéraux et les antiquités; et si je puis soumettre son humble avis au Sanhédrin, voici ce qu'il me révéla : que dans l'Ardèche, de l'autre côté du Mezenc, à Borée, existe cette pierre à coquilles; qu'à la Tombarelle, commune des Estables, on peut aller voir une auge provenant de cette source. Suivant lui et d'autres, les fragments rencontrés dans le cimetière des Estables, ne seraient que les morceaux d'un sarcophage frère de cette auge. Sans garantie du gouvernement ou de l'Académie, je rapporte cette opinion et je m'en réfère à de plus compétents pour terminer le débat : *Sub judice lis est.*

Allons ! les endormis ! Hop ! les éreintés ! En avant ! les retardataires! songez qu'au lac de Saint-Front est le rendez-vous, et qu'il faut encore dévider pas mal de chemin avant d'atteindre la demeure du fermier et le déjeûner.—En selle! en selle! et la caravane fourbue, qui à pied, qui à cheval, reprit son pèlerinage dans les splendeurs d'une riante matinée de septembre.

Holà! impitoyable chroniqueur, si vous laissiez chevaucher à la grâce de Dieu vos touristes à fossiles et reveniez secouer au lit les robustes dormeurs de Fay? — Par Dieu! Messieurs! le conseil est fort bon et je me plais à le suivre. —Bon voyage donc! vous autres. A bientôt! au revoir!

Les absents n'ont pas toujours tort. C'est pourquoi les trois ou quatre compagnons restés à la garde des manteaux et des sacs de voyage se dirent entre eux : « Le soleil brille superbe et Saint-Front n'est pas loin. Si nous allions paisiblement visiter les grottes de Chanteloube et le château de la Bastie ? Soit! pour la Bastie! soit! pour Chanteloube! » et les voilà partis.

Le chemin est facile! A suivre le Lignon, sans encombre, arriveront-ils au but?—Le Lignon! quel nom charmant! et quels souvenirs n'éveille-t-il pas? Céladon, le fade amoureux platonique; Astrée, l'amante crédule et scholastique; les petits moutons aux faveurs roses, gardés le long de ce ruisseau point méchant, par des bergers à vestons de velours et des bergères à falbalas. La houlette enrubannée y est portée comme une épée ou comme un éventail! M. d'Urfé a peuplé ce pays du Tendre de grands seigneurs déguisés en loups, et de belles dames travesties en brebis.

On sortait des rudes guerres religieuses ; on se carrait et s'endormait dans les molles somnolences de la paix. La société oisive, élégante et spirituelle du temps se jeta par une réaction (dont nous avons vu une résurrection après Louis XIV, et une tentative après l'Empire) dans le monde exagéré de la placidité, dans la pastorale précieuse, l'Eldorado des esprits philantropes et tranquilles.

Mais pourquoi, mes amis, vous tromper plus longtemps ? Ce Lignon n'est point le *doux coulant* Lignon frisé, pomponné, causeur et de bon ton, l'historique Lignon. — Non ! C'est un autre Lignon, un sauvage Lignon torrentueux à ses heures, maussade avec ses rives, cruel avec ses hôtes. Il porte ici un rustique moulin à moudre le grain ; là-bas, une champêtre filature à travailler la laine. Il coule sur des rochers et ébrèche ses bords. — Pleut-il aux pieds du Mezenc où ce ruisseau prend sa source, il roule des cailloux et assomme ses excellentes truites qui n'en peuvent mais. — Comme les courtisanes fripées, tombées au rabais, elles ne se vendent plus qu'à la douzaine et pour mince monnaie.

Voilà notre Lignon.—Pourtant, ainsi qu'il est, vaut-il sans doute bien son homonyme ? Pour ne paraître pas si rose, il reste un peu plus vrai. Il abreuve les prairies ; il fait marcher les usines ; les bergères y lavent leurs jambes sales; les troupeaux viennent y boire. Il ne roucoule pas l'amour quintessencié; il murmure bêtement sa chanson montagnarde. — Moi, je l'aime ainsi; et je suivais de l'œil avec curiosité le chevalier gambette aux pieds rouges ou la poule d'eau au corsage ardoisé, habitués de son cours, qui volent d'une pierre à l'autre gruger un poisson dans le courant ou piquer un ver sur la vase.

Nous escaladions des collines gazonnées, sonores sous nos pas. — C'est que les roches rejetées par les volcans et entassées pêle-mêle ont recouvert d'une couche d'humus leurs caves où, ailleurs, renards et blaireaux ont choisi des terriers.

La montagne du Chignon, à notre gauche, nous semblait poudrée d'une légère poussière de neige; phénomène de réflexion : c'était le soleil allumant dans ces cimes ravinées les étincelles du mica. — Tout est surprises, observations au touriste. — Et puis, çà et là, que de petits paysages, Berghem ou Ruysdaël, tableaux flamands décrochés de quelque galerie de la brumeuse Harlem, où le trafiquant n'a que deux passions, les tulipes et les tableaux. C'était sur un talus une fileuse assise, pendant qu'autour d'elle paît son troupeau au poil roux; c'étaient des mas tranquilles dans leurs bouquets de hêtres avec un closeau entouré de lauses dressées, avec un courtil défendu d'arbres et semé de légumes; c'étaient des sources jaillissant en cascatelles des murs d'un moulin par une ouverture du bief d'aval ; c'étaient, sur le ruisseau, des passerelles tremblantes, aboutissant à quelque ferme en arche de Noé, où le *carré*, l'habitation du maître, se dessine invariablement plus élevé entre les étables et les communs. — Le peintre n'aurait eu qu'à voir et à choisir. — La nature, là, est pittoresque d'instinct et sans apprêt : elle ressemble à ces soubrettes piquantes à qui tout va bien, fanchon, bonnet, fichu, corset, qu'elles s'habillent ou non à la chandelle et sans miroir.

Tout en admirant de compagnie, nous avions atteint la pente raide et herbue au sommet de laquelle se cachent les grottes de Chanteloube. — Chanteloube veut dire Chant-Loup. —Par euphémie, sans doute,—car les loups doivent ici, dans les frimas de janvier, chanter beaucoup moins mélodieusement qu'ailleurs. — Le talus n'a pas de sentier ; où le pied s'est posé, il laisse une trace, et cette trace peut servir à assurer la marche à qui suit. Des arbres de belle venue le tapissent, l'ombragent et le voilent... — Il faut monter, monter en lacet, avant d'atteindre l'entrée mystérieuse des grottes abandonnées. — J'écris : abandonnées, et pour cause.

En effet, ces grottes, ainsi que toutes celles qui alvéolent la province, sont, pour la plupart, creusées de main d'homme. Espèces de catacombes où, pendant les classements et les crises de la société en travail, nos ancêtres se réfugièrent et souffrirent.

Sous la conquête romaine, l'indépendance rebelle

et le patriotisme réfractaire, leurs armes brisées, leurs dieux violés, leur patrie vaincue, et leurs chefs transfuges, occupèrent ces trous. Ce fut le dernier recoin du sol où se retira, pour mourir, le druidisme gaulois, dans sa religion et dans sa liberté.

Plus tard, quand le monde romain dissous dans ses pourritures attira de loin, comme une proie décomposée, le vol des barbares, les Gallo-Romains passés à l'Italie, à ses besoins et à ses mollesses, remontèrent, pour ne pas mourir, vers les rochers excavés de leurs pères. Ils laissèrent les hordes du Nord accourir et s'éloigner ainsi que des ouragans et relevèrent après, au soleil, leurs demeures renversées.

Au moyen-âge, ces grottes servirent d'abris contre ces bandes affamées de routiers qui, sortis on ne sait d'où, au service temporaire de la royauté, ne pouvaient plus rentrer dans le travail pénible et la vie régulière. — Les querelles particulières de seigneur à seigneur y chassaient aussi dans l'effroi les pauvres serfs pillés, incendiés et molestés.

Enfin, au XVIe siècle, la raison réclama ses franchises. Il lui fallut lutter contre la féodalité et la théocratie. — Les attaques sanglantes appelèrent de sanglantes représailles. Point de quartier! d'un côté la messe ou la corde! de l'autre le prêche ou l'arquebuse! et la querelle de Dieu devint bientôt, avec le monde pour arène, la querelle des principes politiques. — Alors les populations, courues comme des bêtes fauves, reprirent les sentiers inconnus des cavernes de leurs aïeux et attendirent pour vivre et prier à leur guise. Quelquefois, au XVIIIe siècle, servirent-elles de repaires à des brigands ou à des contrebandiers, comme nos grottes de Chacornac où Mandrin avait établi un dépôt de savon et de sel de contrebande.

La grotte de Chanteloube n'a pas d'autre histoire. Y monter d'en bas est difficile ; y descendre d'en haut est facile, mais plein de mystère. Lorsque ces montagnes étaient couvertes de forêts, les hommes disparaissaient soudain en cet endroit, ainsi que des spectres. L'entrée de la grotte est symétriquement taillée et de hauteur d'homme. Des traces de rainures intérieures sur les deux chambranles dénoncent l'usage de portes et de portes barrées. A gauche en entrant, une coulée d'argile ferrugineuse conduit à une ouverture de sortie, plutôt soupirail qu'issue régulière. Du sol à la voûte, six pieds de hauteur ; une salle principale, autour de laquelle s'arrondissent des annexes plus petites, espèces de chapelles doublant une abside. Au fond, une seconde porte étroite et cintrée, régulièrement profilée au ciseau dans le style des bouches de souterrains du moyen-âge. Elle donne accès dans un caveau resserré, en cul-de-four, où s'arrête l'excavation. La roche au sein de laquelle s'étend cette grotte est une pouzzolane colorée en rouge par la haute température du feu des volcans ; on a pu facilement y ménager des chambres et des galeries, mais l'exiguïté de la retraite supposerait en ces parages à peine une villa, tout au plus un hameau.

L'eau suintait silencieusement des parois, accomplissant son œuvre sans bruit et dans l'ombre comme le temps. Nous ne découvrîmes au fond de cet obscur réduit qu'un os de renard sur lequel j'ai échafaudé un conte. Je vous le dirai peut-être plus tard, pourvu que vous soyez de ces gens dont était le bon La Fontaine, qui prennent encore *un plaisir extrême à entendre conter* PEAU-D'ANE. — Au-dehors de la grotte, contre le rocher, s'étendaient les pellicules grises de l'orseille, ce lichen cryptogame des hautes montagnes hantées du brouillard ; et des fentes, sortait la scolopendre ou *langue de cerf*, l'habitante des lieux humides et ombragés. Nous échantillonnâmes quelques fragments, mélangés de pyroxène ; et ces notes de voyage dans nos poches, nous redescendîmes le talus pour atteindre, à trois portées de fusil, le château de la Bastie.

Le château de la Bastie est pour nous d'un intérêt historique contemporain. Il fut le berceau originel de la famille des Latour-Maubourg. J'ai feuilleté un registre baptistère de la commune de Chaudeyrolles, de 1618 à 1640 environ, et qui constate assez régulièrement, tous les ans, la venue au monde d'un petit Fay de Latour-Maubourg. — Les familles jadis croissaient nombreuses et s'en faisaient gloire. Une rangée de fils, c'était la force du présent, c'était l'espoir de l'avenir. En chasse ou en guerre, on ne s'attaquait que timidement à ces clans de robustes gaillards, aussi prompts à détrousser un hobereau bardé qu'un pigeon, ou à bouleverser un château-fort qu'une taupinière.

Ce château de la Bastie tombe en ruines. Ce qu'il en reste debout se compose d'une tour en relief sur un corps de logis à forme parallélogramme; et sur les derrières, du tronçon d'une seconde tour ronde. — La porte qui s'ouvre de face, au bas de la tour avancée, est de style renaissance, avec deux architraves superposées, couronnées d'un fronton. Cette tour, autrefois cage d'un escalier en fuseau, rend pêle-mêle aujourd'hui par sa baie, ses étages effondrés et ses marches descellées. Sur les murailles du château, çà et là, louchaient de rares meurtrières maintenant aveuglées. Les courtines retiennent encore quelques pans de moucharabis et livrent à tous les vents, à tous les oiseaux nocturnes, d'étroites fenêtres basses à meneaux. — L'appareil de construction étonne le regard; il se compose de pierres du pays, vives, sonores, larges, peu épaisses, qu'aucun ciment ne lie entre elles. Les assises sont énormes, irrégulières, pleines de solutions de continuité. Il semble qu'elles vont crouler; et déchirées, suspendues, elles résistent cependant avec une solidité à toute épreuve. Cette habitation ne représente que ce que l'on appelait, au moyen-âge, une *maison forte*. — Sa couleur est sombre comme son aspect. Murailles éventrées, cheminées en l'air, arbustes poussés au hasard ; la pluie fouette cette désolation sans obstacle et les troglodytes y logent et y nichent. Pour compléter la description, il faut ajouter que le manoir était jadis entouré de douves, dans lesquelles on détournait le Lignon. Ces fossés où peut-être, pendant les couches de la Dame, les manants étaient condamnés, suivant un usage féodal, à battre les grenouilles à coups de gaules, sont aujourd'hui à demicomblés ; l'herbe en a si bien envahi les glacis qu'elle en a fait des prairies drues et vertes.

Adieu au château de la Bastie. — De ses ruines se dégage une poésie de passé que nous nous plaisons à respirer ; si nous n'aimons pas ces fantômes comme histoire, nous les accueillons comme souvenir. — Ce qui croule est toujours digne de respect ; il faut tendre la main à l'ennemi renversé. — Pourquoi, en haine d'une société, la poursuivre jusque dans ses formes ? — Quand la politique n'est plus que de l'histoire, montrons-nous généreux. — Nous devons l'être avec les hommes, par humanité ; devenons-le avec les monuments, par patriotisme.

Suivons les sentes errant à travers les bois de hêtres, sentes tapissées d'airelles-myrtilles ; franchissons le mamelon et descendons au lac de St-Front où le rendez-vous est assigné. — Ce beau lac semble une émeraude enchâssée dans sa monture de collines miboisées, mi-dénudées. —Emeraude, car ses eaux, bleues dans la perspective, sont vertes en réalité. — Les eaux reproduisent toujours les teintes de leurs bas-fonds. — Les lacs des Alpes sont azurés ou noirs, selon qu'à mi-hauteur ils reflètent les lointains du ciel ; ou que, sur les cimes perdues, l'air plus raréfié, les eaux froides des neiges et les sapins environnants les nuancent de sombre. Ici St-Front paraît glauque parce que le fond de sa coupe est peuplé de conferves, précieuses pour la nourriture du poisson. Cette prairie sous-lacustre facilite sa fécondité et son engraissement. D'une saignée du lac sort le ruisseau de la Gagne. Certains des abords étaient tapissés de frondes membraneuses vert-olivâtre, à régimes rouges, aux inflorescences de sang.

La promenade en bateau devient une des nécessités du voyage. La promenade est charmante quand le soleil illumine le lac et que la fraîcheur de ses eaux caresse doucement votre visage. — Elle n'est pourtant pas sans danger au cas où le bateau viendrait à chavirer. Si, dans ce cratère de volcan, contrairement à celui du Bouchet, la sonde a atteint les profondeurs, quarante pieds d'eau sont d'assez bonne portée pour noyer une académie de savants. Les savants sont de grands hommes ! Bon ! mais pas si grands qu'ils touchent pied dans un gouffre ; ils se tirent, on le sait, de bien des mauvais pas... de l'eau excepté. — Quand, à la saison d'automne, le brouillard envahit St-Front, quelle étrange fantasmagorie ! La barque perdue sous les brumes et sans point de repère où diriger sa course croit naviguer en droite ligne ; mais, en dépit des rames, elle tourne sur elle-même, et n'aborde jamais. Que survienne soudain un coup de vent, en un clin d'œil, le lac est libre et les rives sont proches; que soudain souffle une seconde rafale et vous retombez dans le brouillard et l'aventure.

La maison du fermier est assise au bord du lac. — Le fermier ensemence son large vivier au moyen de la pisciculture. La pisciculture? La pisciculture... Halte-là! Mon ami; tu n'en finirais pas! — Soit! — Le fermier a passé des marchés avec St-Etienne, Lyon et Paris; la pêche se fait à la seine flottante; on enlève la récolte une fois par semaine et les gourmets de là-bas mangent la truite du lac de St-Front sous le nom de truite du lac de Genève. — On se sert du procédé pour nos dentelles! On s'en sert pour notre poisson! — Au diable la manie de déposséder les uns au profit des autres, — non-seulement de leurs productions, mais encore de leurs réputations.

En attendant le détachement du Mezenc, nous nous étendîmes sur le gazon et j'enfilai sur les truites du lac, en style picaresque, les vers ci-après que je vous sers sans autre apprêt :

Beau lac de la montagne, où le gourmet-touriste
Dresse sa tente et rit de l'omelette au lard ;
Puis, se léchant les doigts, demande s'il existe
Une truite plus fine et rose, quelque part ;

Où l'Anglais W. Wordsworth, le poëte lakiste,
Oubliant tes flots verts, le vent, le nénuphar,
Rimerait sur la truite un sonnet triste... — Triste
De n'en pouvoir manger que cinq livres un quart.

Si le fermier du lac, sachant qu'on délibère
Sur un méchant turbot, à l'empereur Tibère
Eût apporté sa pêche au bout de l'hameçon,

L'Empereur au Sénat eût envoyé la truite :
Les sénateurs ventrus opinant tout de suite,
Auraient voté la sauce.... et mangé le poisson !

Mais voici la caravane débouchant à la crête des collines. — Qui était surmené, harrassé, brisé? bêtes ou gens? — Ma foi, au déjeuner, auquel prirent part trois ou quatre autorités de Fay, nul des voyageurs ne s'en prévalut. Tous mordirent en enragés dans les pièces froides. — Sur l'aire de la grange la collation était dressée ; des planches et des tonneaux formaient la table ; des voliges, entre deux chaises, constituèrent les bancs. — Cela fleurait la noce de village et son seigneur, sauf les rosières, les faneuses, les glaneuses et la mariée. — Certes, ce champêtre aménagement ne nuisit en rien ni à l'appétit, ni à la gaieté. — Jamais je n'ouïs pareils propos de *beuverie*, jamais je ne surpris une si étroite confraternité, et quand vint le dessert... Ici un des touristes m'engage à ouvrir une parenthèse pour établir une dissertation humouristique sur la pipe et le cigarre. — Je pourrais... mais non! — Laissant la dignité et le *schocking* de côté... je conclus ainsi : de même que devant le petit enfant on place à choisir entre un verre de vin ou un verre de lait, — que l'on produise en parallèle une pipe et un cigarre, — je ferme les yeux et passe sans examen au choix de l'amateur ès-tabacs.

Dîner fini, — entrain et esprit epuisés comme des fusées vides, — que faire, sinon partir? — Hélas! les voitures attendaient. — L'on s'encaqua comme des stock-fisch; — les cochers donnèrent du fouet; les chevaux partirent au galop (les chevaux aussi avaient dejeuné!). — Adieu. — Au revoir, car je reste... —

Je restai et dois pourtant arrêter ici ma causerie. — J'avais à vous entretenir dans un dernier feuilleton du pays protestant et de ses physionomies, — de ses fermes, — de ses sanctuaires, — de ses presbytères, — de ses écoles, — de ses cimetières. — Je vous ménageais un parallèle catholique, apostolique et romain entre le temple du Mazet et l'église de Saint-Voy. — Je voulais vous citer un feuillet ou deux de vieille chronique religieuse à peu près inédite, et retrouvée dans les rognures d'un livre abandonné aux vers. — Je tenais en réserve plus d'un détail de mœurs nouveau et quelques menus rapprochements. Je me disposais à vous rapporter un mot cruellement pieux de

Mme de Sévigné sur les dragonnades. J'aurais glissé entre quatre guillemets deux couplets d'une chanson du temps contre ces *pauvres hannetons* (les Huguenots), qui osaient *affoler la vigne du noble beau vignoble françois* (l'Eglise romaine (1). Je me forgeais une félicité à vous introduire dans cette terre à nous, et ignorée cependant; à vous intéresser de plusieurs notes extraites *ad hoc* d'un manuscrit en ma possession : *Les tournées pastorales au XVIIe siècle de Monseigneur de Serre, évêque du Puy.* — Cette partie-là de mon œuvre, je la chôyais d'avance dans mon esprit; je l'avais étudiée et parcourue en amicale et charmante compagnie. — Mais soulevant en terre catholique cette poussière protestante, je remuais des susceptibilités, légitimes sans doute, un peu ombrageuses peut-être.

— La vérité est difficile à dire, plus difficile à entendre; et les bienveillances du cœur ne sont pas toujours comprises ou acceptées. — Il est des terrains d'histoire religieuse brûlants encore sous l'indifférence, la tolérance ou la charité chrétienne. — Nous respectons trop de choses et estimons encore trop de gens pour vouloir jeter sur les unes même l'ombre d'un doute et pour froisser, fût-ce sans intention, les intérêts ou la foi des autres. — Loin de notre pensée les reniements et les attaques! — Les

(1) *Printemps des chansons nouvelles.* — Lyon. 1583.

calomnies se lèvent en assez grand vol autour de la vie intime, sans livrer encore aux discussions la vie littéraire. — Il serait cependant si facile de clouer les chauves-souris et les hibous aux pages de nos livres ! — S'il n'existait au monde que la race des fabricateurs de calomnies, passe ! mais ce que nous méprisons surtout, c'est la race des colporteurs. — Qu'importe ? — Le temps fait justice aux idées comme aux hommes ; et c'est à lui que nous en appelons. — Garder le silence, n'est pas reculer ; c'est attendre. — La vie nous a appris la patience, mais ne nous a pas enseigné, Dieu merci ! les palinodies.

C'est donc avec tristesse, mes chers compagnons de voyage, que je suspends ma plume au bas de ce troisième feuilleton. — J'ai voulu purement et simplement vous distraire. Un autre l'eût mieux fait : j'emporterai tout au moins le bénéfice d'une amicale intention. — Notez, s'il vous plaît, que ces feuillets de voyage n'ont rien d'officiel ou d'académique ; et j'appuie sur ce point : ils ne représentent que les impressions personnelles d'un touriste sans qualité publique aucune. — Ecrites au courant de la plume et du souvenir, au jour le jour, à peine relues, mal corrigées, elle n'ont nulle prétention littéraire.

Acceptez-les donc sans arrière-pensée. — Merci avec reconnaissance aux quelques sympathies venues jusqu'à moi verbalement ou par écrit ; et je pardonne, en souriant, aux méchantes critiques souterraines.

Quant à ma devise, je l'irai détacher du tombeau du marquis d'Argens. — Ce n'est qu'une épitaphe, une parole de mort; et une épitaphe, composée seulement par un philosophe, Frédéric-le-Grand, pour le marquis son ami et chambellan. La voici :

Veritatis amicus, erroris inimicus !

Le Puy, typ. et lith. Marchessou.

www.ingramcontent.com/pod-product-compliance
Lightning Source LLC
LaVergne TN
LVHW010104230826
846091LV00005B/2086

9782013444095